»Fadensonnen«, beginnt ein Gedicht in Paul Celans *Atemwende*, »Fadensonnen / über der grauschwarzen Ödnis«. Damit ist ein Ort bezeichnet, von dem die Gedichte ausgehen. Sie gehen von der Formulierung dessen aus, was angesichts der Ödnis noch gesagt werden kann. Dieses Gedicht aus *Atemwende* schließt: »es sind / noch Lieder zu singen jenseits / der Menschen.« An anderer Stelle war die Rede vom »singbaren Rest« gewesen. Was ist der Rest, was läßt sich noch singen oder, wie hier, zur Sprache bringen und wo: jenseits? Wie lange ›dort‹ und auf dem Wege ›wohin‹, ›womit‹ und mit ›wem‹? Darauf geben die Gedichte eine – weiterfragende – Antwort, in der sich die Sprache und die Existenz dessen, der sich in ihr ausspricht, durchdringen.

Paul Celan, geboren 1920 in Czernowitz (Bukowina), gestorben 1970 in Paris, ein Jahr Medizinstudium in Tours (Frankreich), später Studium der Romanistik an der Universität Czernowitz, während des Krieges Lageraufenthalt in Rumänien. 1945-1947 Verlagslektor und Übersetzer in Bukarest, von Ende 1947 bis Sommer 1948 in Wien, seitdem in Paris. Studium der Germanistik und Sprachwissenschaft an der Sorbonne, schriftstellerische, Übersetzer- und Lehrtätigkeit. Ausgezeichnet mit dem Bremer Literaturpreis 1958 und dem Georg-Büchner-Preis 1960.

Paul Celan

Fadensonnen

Suhrkamp

Umschlagfoto: Wolfgang Oschatz

suhrkamp taschenbuch 2165
Erste Auflage 1993

Druck: Nomos Verlagsgesellschaft, Baden-Baden
Printed in Germany
Umschlag nach Entwürfen von
Willy Fleckhaus und Rolf Staudt

1 2 3 4 5 6 – 98 97 96 95 94 93

I

AUGENBLICKE, wessen Winke,
keine Helle schläft.
Unentworden, allerorten,
sammle dich,
steh.

Frankfurt, September

Blinde, licht-
bärtige Stellwand.
Ein Maikäfertraum
leuchtet sie aus.

Dahinter, klagegerastert,
tut sich Freuds Stirn auf,

die draußen
hartgeschwiegene Träne
schießt an mit dem Satz:
»Zum letzten-
mal Psycho-
logie.«

Die Simili-
Dohle
frühstückt.

Der Kehlkopfverschlußlaut
singt.

GEZINKT DER ZUFALL, unzerweht die Zeichen,
die Zahl, vervielfacht, ungerecht umblüht,
der Herr ein Flüchtignaher, Regnender, der zuäugt,
wie Lügen sieben-
lodern, Messer
schmeicheln, Krücken
Meineid schwören, U-
unter
dieser
Welt
wühlt schon die neunte,
Löwe,
sing du das Menschenlied
von Zahn und Seele, beiden
Härten.

Wer
herrscht?

Farbenbelagert das Leben, zahlenbedrängt.

Die Uhr
stiehlt sich die Zeit beim Kometen,
die Degen
angeln,
der Name
vergoldet die Finten,
das Springkraut, behelmt,
beziffert die Punkte im Stein.

Schmerz, als Wegschneckenschatten.
Ich höre, es wird gar nicht später.
Fad und Falsch, in den Sätteln,
messen auch dieses hier aus.

Kugellampen statt deiner.
Lichtfallen, grenzgöttisch, statt
unsrer Häuser.

Die schwarzdiaphane
Gauklergösch
in unterer
Kulmination.

Der erkämpfte Umlaut im Unwort:
dein Abglanz: der Grabschild
eines der Denkschatten
hier.

Die Spur eines Bisses im Nirgends.

Auch sie
mußt du bekämpfen,
von hier aus.

In der ewigen Teufe: die Ziegel-
münder
rasen.

Du brennst ein Gebet ab
vor jedem.

Buchstabentreu, auf dem Notsteg,
stehen Hinauf und Hinunter,
den Mischkrug voll blasigen
Hirns.

SICHTBAR, bei Hirnstamm und Herzstamm,
unverdunkelt, terrestrisch,
der Mitternachtsschütze, morgens,
jagt den Zwölfgesang durch
das Mark von Verrat und Verwesung.

UMWEG-
KARTEN, phosphorn,
weit hinter Hier von lauter
Ringfingern geschlagen.

Reiseglück, schau:

Das Fahrtgeschoß, zwei
Zoll vorm Ziel,
kippt
in die Aorta.

Das Mitgut, zehn
Zentner
Folie à deux,
erwacht
im Geierschatten,
in der siebzehnten Leber, am Fuß
des stotternden
Informationsmasts.

Davor,
im geschieferten Wasserschild die
drei stehenden Wale
köpfeln.

Ein rechtes Auge
blitzt.

Sackleinen-Gugel, turmhoch.

Sehschlitze
für das Entsternte
am Ende der Gramfibrille.

Die Wimpernnaht, schräg
zu den Gottesbränden.

In der Mundbucht die Stelle
fürs rudernde
Kaisergetschilp.

Das. Und das Mit-ihm-
Gehn übers rauchblaue,
blanke
Tafelland, du.

SPASMEN, ich liebe dich, Psalmen,

die Fühlwände tief in der Du-Schlucht
frohlocken, Samenbemalte,

Ewig, verunewigt bist du,
verewigt, Unewig, du,

hei,

in dich, in dich
sing ich die Knochenstabritzung,

Rotrot, weit hinterm Schamhaar
geharft, in den Höhlen,

draußen, rundum
der unendliche Keinerlei-Kanon,

du wirfst mir den neunmal
geschlungenen, triefenden
Grandelkranz zu.

DEINE AUGEN IM ARM,
die
auseinandergebrannten,
dich weiterwiegen, im fliegen-
den Herzschatten, dich.

Wo?

Mach den Ort aus, machs Wort aus.
Lösch. Miß.

Aschen-Helle, Aschen-Elle – ge-
schluckt.

Vermessen, entmessen, verortet, entwortet,

entwo

Aschen-
Schluckauf, deine Augen
im Arm,
immer.

Hendaye

Die orangene Kresse,
steck sie dir hinter die Stirn,
schweig den Dorn heraus aus dem Draht,
mit dem sie schöntut, auch jetzt,
hör ihm zu,
eine Ungeduld lang.

Pau, nachts

Die Unsterblichkeitsziffer, von Heinrich
dem Vierten in
den Schildkrötenadel gewiegt,
höhnt eleatisch
hinter sich her.

Pau, später

In deinen Augen-
winkeln, Fremde,
der Albigenserschatten –

nach
dem Waterloo-Plein,
zum verwaisten
Bastschuh, zum
mitverhökerten Amen,
in die ewige
Hauslücke sing ich
dich hin:

daß Baruch, der niemals
Weinende
rund um dich die
kantige,
unverstandene, sehende
Träne zurecht-
schleife.

Der Hengst mit dem blühenden Docht,
levitierend, in Paß-
höhe,
Kometenglanz auf
der Kruppe.

Du, in den mit-
verschworenen Wildbächen Auf-
geschlüsselte, die
hüpfenden Brüste im scharfen
Versspangen-Joch,
stürzt mit mir durch
Bilder, Felsen, Zahlen.

DIE UNZE WAHRHEIT tief im Wahn,

an ihr
kommen die Teller der Waage
vorübergerollt,
beide zugleich, im Gespräch,

das kämpfend in Herz-
höhe gestemmte Gesetz,
Sohn, siegt.

In den Geräuschen, wie unser Anfang,
in der Schlucht,
wo du mir zufielst,
zieh ich sie wieder auf, die
Spieldose – du
weißt: die unsichtbare,
die
unhörbare.

Lyon, Les Archers

Der Eisenstachel, gebäumt,
in der Ziegelsteinnische:
das Neben-Jahrtausend
fremdet sich ein, unbezwingbar,
folgt
deinen fahrenden Augen,

jetzt,
mit herbeigewürfelten Blicken,
weckst du, die neben dir ist,
sie wird schwerer,
schwerer,

auch du, mit allem
Eingefremdeten in dir,
fremdest dich ein,
tiefer,

die Eine
Sehne
spannt ihren Schmerz unter euch,

das verschollene Ziel
strahlt, Bogen.

DIE KÖPFE, ungeheuer, die Stadt,
die sie baun,
hinterm Glück.

Wenn du noch einmal mein Schmerz wärst, dir treu,
und es käm eine Lippe vorbei, diesseitig, am
Ort, wo ich aus mir herausreich,

ich brächte dich durch
diese Straße
nach vorn.

WO BIN ICH
heut?

Die Gefahren, alle,
mit ihrem Gerät,
bäurisch verhumpelt,

forkenhoch
die Himmelsbrache gehißt,

die Verluste, kalkmäulig – ihr
redlichen Münder, ihr Tafeln! –
in der entwinkelten Stadt,
vor Glimmerdroschken gespannt,

– Goldspur, entgegengestemmte
Goldspur! –,

die Brücken, vom Strom überjauchzt,

die Liebe, droben im Ast,
an Kommend-Entkommendem deutelnd,

das Große Licht,
zum Funken erhoben,
rechts von den Ringen
und allem Gewinn.

Die längst Entdeckten
flüstern sich Briefworte zu,
flüstern das Wort ohne Blatt, das umspähte,
groß wie dein Taler,

hör auch
mein starkes
Du-
weißt-wie,

das hohe Herbei, die Umarmung
ist mit uns, ohne Ende,
auf der Treppe
zum Hafen,

der Stechschritt erlahmt,
Odessitka.

ALL DEINE SIEGEL ERBROCHEN? NIE.

Geh, verzedere auch
sie, die brief-
häutige, elf-
hufige Tücke:

daß die Welle, die honig-
ferne, die milch-
nahe, wenn
der Mut sie zur Klage bewegt,
die Klage zum Mut, wieder,

daß sie nicht auch
den Elektronen-Idioten
spiegle, der Datteln
verarbeitet für
menetekelnde
Affen.

Schlafbrocken, Keile,
ins Nirgends getrieben:
wir bleiben uns gleich,
der herum-
gesteuerte Rundstern
pflichtet uns bei.

Die Wahrheit, angeseilt an
die entäußerten Traumrelikte,
kommt als ein Kind
über den Grat.

Die Krücke im Tal,
von Erdklumpen umschwirrt,
von Geröll, von
Augensamen,
blättert im hoch
oben erblühenden Nein – in der
Krone.

Aus den nahen
Wasserschächten
mit unerweckten
Händen heraufgeschaufeltes Graugrün:

die Tiefe
gibt ihr Gewächs her, unhörbar,
widerstandslos.

Auch das noch
bergen, ehe
der Steintag die Menschen-
und Tierschwärme leerbläst, ganz wie
die vor die Münder, die Mäuler getretne
Siebenflöte es fordert.

AUSGESCHLÜPFTE
Chitin-
sonnen.

Die Panzerlurche
nehmen die blauen Gebetmäntel um, die sand-
hörige Möwe
heißt es gut, das lauernde
Brandkraut
geht in sich.

EWIGKEITEN, über dich
hinweggestorben,
ein Brief berührt
deine noch un-
verletzten Finger,
die erglänzende Stirn
turnt herbei
und bettet sich in
Gerüche, Geräusche.

Der puppige Steinbrech
in der Fliesenfuge
des leer-
gebeteten, treibhaus-
haften Asyls,

ein horniger Blick
schläft sich ins halb-
offene Tor ein,

schlaksig
kommt eine über-
mündige Silbe geschritten,

ein erwachter
Blindenstab weist ihr
den Ort zu hinter
den Schimmelmähnen.

DIE ZWISCHENEIN-
gehagelte Hilfe
wächst,

der Namenbau
setzt aus,

die Gletschermilch karrt
die Vollwüchsigen durch
das schwimmende Ziel
ihrer unbeirrbaren
Brände.

Der geglückte
Mumiensprung übers
Gebirge.

Das vereinzelte Riesen-
blatt der Paulownia,
das ihn vermerkt.

Ungepflückt die großen
Spielzeug-
welten. Keinerlei Dienst
am Gestirn.

In den Kontrolltürmen hämmern
die hundert silbernen Hufe
das verbotene
Licht frei.

Auf überregneter Fährte
die kleine Gauklerpredigt der Stille.

Es ist, als könntest du hören,
als liebt ich dich noch.

WEISSGERÄUSCHE, gebündelt,
Strahlen-
gänge
über den Tisch
mit der Flaschenpost hin.

(Sie hört sich zu, hört
einem Meer zu, trinkt es
hinzu, entschleiert
die wegschweren
Münder.)

Das Eine Geheimnis
mischt sich für immer ins Wort.
(Wer davon abfällt, rollt
unter den Baum ohne Blatt.)

Alle die
Schattenverschlüsse
an allen den
Schattengelenken,
hörbar-unhörbar,
die sich jetzt melden.

Die teuflischen
Zungenspäße der Nacht
verholzen in deinem Ohr,

mit den Blicken Rückwärts-
gesträhltes
springt vor,

die vertanen
Brückenzölle, geharft,
durchmeißeln die Kalkschlucht vor uns,

der meerige Lichtsumpf
bellt an uns hoch –
an dir,
irdisch-unsichtbare
Freistatt.

DIE DUNKEL-IMPFLINGE, auf
ihrer unbeirrbaren Kreisbahn
rund um die Wunde,
nadelig,
jenseits von Zahl und Unzahl,
auf Botengang, unermüdlich,

die glasharten
Schleifgeräusche der Schrift,

an beiden Säumen
das aufgeforstete
Hände-Revier (du halber
Schein, alabastern),

in der wintrigen Schonung
spricht eine Kiefer sich frei.

Die zweite
Nesselnachricht
an den
tuckernden
Schädel:

Weggesackt
der lebendige
Himmel. Unter
der jaulenden
Düse,
mitten im ewigen
Blinkspiel,
beiß dich als Wort in den wissenden,
sternlosen
Halm.

Das ausgeschachtete Herz,
darin sie Gefühl installieren.

Großheimat Fertig-
teile.

Milchschwester
Schaufel.

Die fleissigen
Bodenschätze, häuslich,

die geheizte Synkope,

das nicht zu enträtselnde
Halljahr,

die vollverglasten
Spinnen-Altäre im alles-
überragenden Flachbau,

die Zwischenlaute
(noch immer?),
die Schattenpalaver,

die Ängste, eisgerecht,
flugklar,

der barock ummantelte,
spracheschluckende Duschraum,
semantisch durchleuchtet,

die unbeschriebene Wand
einer Stehzelle:

hier

leb dich
querdurch, ohne Uhr.

Die kollidierenden Schläfen,
nackt, im Maskenverleih:

hinter der Welt
wirft die ungebetene Hoffnung
die Schlepptrosse aus.

An den meerigen Wundrändern landet
die atmende Zahl.

EINGEHIMMELT in Pest-
laken. Am
entnachteten
Ort.

Die Lidschlagreflexe während
der üppigen
Traumstufe
null.

Wenn ich nicht weiss, nicht weiss,
ohne dich, ohne dich, ohne Du,

kommen sie alle,
die
Freigeköpften, die
zeitlebens hirnlos den Stamm
der Du-losen
besangen:

Aschrej,

ein Wort ohne Sinn,
transtibetanisch,
der Jüdin
Pallas
Athene
in die behelmten
Ovarien gespritzt,

und wenn er,

er,

foetal,

karpatisches Nichtnicht beharft,

dann spitzenklöppelt die
Allemande

das sich übergebende un-
sterbliche
Lied.

Eingewohnt-entwohnt,

einentwohnt,

die gehorsame Finsternis: drei
Blutstunden hinterm
Blickquell,

die Kaltlicht-Ozellen,
ummuttert von Blendung,

das dreizehn-
lötige Nichts:
über dich, mit
der Glückshaut,
stülpt sichs

während
der Auffahrt.

RIESIGES,
wegloses, baum-
bewürfeltes
Hand-
gelände,

Quincunx.

Die Äste, nervengesteuert,
machen sich über
die schon
angeröteten Schlagschatten her,
einen Schlangenbiß vor
Rosen-
aufgang.

GEWIEHERTE TUMBAGEBETE,

Bluthufe scharren
die Densksträuße zusammen,

ein Aschen-Juchhe
blättert die Singstimmen um,
hängt die zerstrahlten Topase
hoch in den Raum,

die gewitterpflichtigen
Leichensäcke
richten sich aus,

im Trauerkondukt
grinst unwiderstehlich
das Königreich
Bemen.

Die Ewigkeiten tingeln
im abgebeugten Strahl,

ein Gruß steht kopf, zwischen zweien,

der dunkelblütige, sich
mitverschweigende
Muskel
kammert den Namen ein, den er mittrug,

und pflanzt sich fort

durch Knospung.

MÜLLSCHLUCKER-CHÖRE, silbrig:

Das Frieselfieber
läuft und läuft um das Schachtgrab,

wer

diesen Dezember denkt, dem
feuchtet ein Blick
die redende Stirn.

III

Entteufelter Nu.
Alle Winde.

Die Gewalten, ernüchtert,
nähn den Lungenstich zu.
Das Blut stürzt in sich zurück.

InBöcklemünd, über die vordere, die
Leichtschrift,
auch über dich,
tieferer Mitbruder Buchstab,
eilt, unendlichkeitsher,
der Hammerglanz hin.

HÜLLEN im Endlichen, dehnbar,
in jeder
wächst eine andre Gestalt fest

Tausend ist
noch nicht einmal Eins.

Jeden Pfeil, den du losschickst,
begleitet das mitgeschossene Ziel
ins unbeirrbar-geheime
Gewühl.

DIE LIEBE, zwangsjackenschön,
hält auf das Kranichpaar zu.

Wen, da er durchs Nichts fährt,
holt das Veratmete hier
in eine der Welten herüber?

Du warst mein Tod:
dich konnte ich halten,
während mir alles entfiel.

Zur Rechten – wer? Die Tödin.
Und du, zur Linken, du?

Die Reise-Sicheln am außer-
himmlischen Ort
mimen sich weißgrau
zu Mondschwalben zusammen,
zu Sternmauerseglern,

ich tauche dorthin
und gieß eine Urnevoll
in dich hinunter,
hinein.

DIE ABGEWRACKTEN TABUS,
und die Grenzgängerei zwischen ihnen,
weltennaß, auf
Bedeutungsjagd, auf
Bedeutungs-
flucht.

WUTPILGER-STREIFZÜGE durch
meerisches Draußen und Drinnen,
Conquista
im engsten
untern Ge-
herz.
(Niemand entfärbt, was jetzt strömt.)

Das Salz einer hier
untergetauchten
Mit-Träne
müht sich die hellen
Logbüchertürme
aufwärts.

Bald
blinkt es uns an.

STILLE, Fergenvettel, fahr mich durch die Schnellen.
Wimpernfeuer, leucht voraus.

Die Eine eigen-
sternige
Nacht.

Aschendurchfadmet
stundaus, stundein,
von den Lidschatten zu-
gefallener Augen,

zusammengeschliffen
zu pfeildünnen
Seelen,
verstummt im Gespräch
mit luftalgenbärtigen
krauchenden Köchern.

Eine erfüllte
Leuchtmuschel fährt
durch ein Gewissen.

Bei Glüh- und Mühwein, nekronym
lang vor der Zeit,
laß ich die Gläserwelt – und nicht nur sie –
Revue passieren

und roll mich in ein steifes Segel, mastenstark,
die Enden tief im Hohlzahn eines Ankers,

und leg mir einen Nabel zu, zwischen den Mitten,
aus unter fetten Sternen
in der gerunzelten Flut,
die sie um-eist,
rotgehurtem
Kork.

SCHIEF,
wie uns allen,
sitzt dir die Eine
Hörklappe auf,
frei,

und das Gehörlose an dir,
drüben, beim Schläfenfirn,
blüht sich jetzt aus, mit Narren-
schellen an jedem
Kelchblatt.

DIE HERZSCHRIFTGEKRÜMELTE Sichtinsel
mittnachts, bei kleinem
Zündschlüsselschimmer.

Es sind zuviel
zielwütige Kräfte
auch in dieser
scheinbar durchsternten
Hochluft.

Die ersehnte Freimeile
prallt auf uns auf.

Unverwahrt.
Schräggeträumt aneinander.

Das Öl rings –
verdickt.

Mit ausgebeulten Gedanken
fuhrwerkt der Schmerz.

Die koppheistergegangene Trauer.

Die Schwermut, aufs neue geduldet,
pendelt sich ein.

DAS UNBEDINGTE GELÄUT
hinter all der gemanschten Tristesse.

Hilfsgestänge, gedrungen,
im zeitgeschwärzten Emblem.
Frostfurchen der
Devise entlang.

All das bei halbem
Muttermal-Licht.

DIE EWIGKEIT altert: in
Cerveteri die
Asphodelen
fragen einander weiß.

Mit mummelnder Kelle,
aus den Totenkesseln,
übern Stein, übern Stein,
löffeln sie Suppen
in alle Betten
und Lager.

Spät. Ein schwammiger Fetisch
beißt sich die Zapfen vom Christbaum,

aufgerauht von
Frostsprüchen
hüpft ein Wunsch ihnen nach,

das Fenster fliegt auf, wir sind draußen,

nicht ebenzubringen
der Hubbel Dasein,

eine kopflastige,
tiefenfreudige Wolke
kutschiert uns auch darüber
hin.

DIE SÄMLINGE – causa secunda – pachten
das übergewisse
pupillenhörige
Nichts,
das deine – warum nur? – auch heute
hochzuckende Braue
noch säumt, wenn ich hinseh,
um des darunter
vielleicht noch zu leistenden
Augenschwurs willen.

Die Hügelzeilen entlang
die niedlichen Streckfoltern zwischen
Bäumchen und Bäumchen,
geißblattumrankt,

Dum-dum-Horizonte, davor,
vertausendfacht, ja,
dein
Hör-Silber,
Spinett,

Tagnacht voll schwirrender Lungen,

die
entzweigten Erzengel schieben
hier Wache.

Komm, wir löffeln
Nervenzellen
— die Entengrütze, multipolar,
der leergeleuchteten Teiche —
aus den
Rauten-
gruben.

Zehn Fasern ziehn
aus den noch erreichbaren Zentren
Halberkennbares nach.

ENTSCHLACKT, entschlackt.

Wenn wir jetzt Messer wären,
blankgezogen wie damals
im Laubengang zu Paris, eine Augenglut lang,

der arktische Stier
käme gesprungen
und bekrönte mit uns seine Hörner
und stieße zu, stieße zu.

Seelenblind, hinter den Aschen,
im heilig-sinnlosen Wort,
kommt der Entreimte geschritten,
den Hirnmantel leicht um die Schultern,

den Gehörgang beschallt
mit vernetzten Vokalen,
baut er den Sehpurpur ab,
baut ihn auf.

Anrainerin Nacht.
Zwerg- und riesenwüchsig, je
nach dem Schnitt in der Fingerbeere,
nach dem,
was aus ihm tritt.

Überäugig zuweilen,
wenn bikonkav
ein Gedanke hinzugetropft kommt,
nicht von ihr her.

Möwenküken, silbern,
betteln den Altvogel an:
den Rotfleck am Unter-
schnabel, der gelb ist.

Schwarz – eine Kopf-
attrappe führt es dir vor –
wär ein stärkerer Reiz. Auch Blau
ist wirksam, doch nicht
die Reizfarbe machts:
es muß eine
Reizgestalt sein, eine ganze,
komplett
konfiguriert,
ein vorgegebenes Erbe.

. . . .

Freund,
teerübergoßner Sackhüpfer du,
auch hier, auf diesem
Gestade gerätst du
beiden, Zeit und Ewigkeit, in die
falsche
Kehle.

IV

Irisch

Gib mir das Wegrecht
über die Kornstiege zu deinem Schlaf,
das Wegrecht
über den Schlafpfad,
das Recht, daß ich Torf stechen kann
am Herzhang,
morgen.

Die Stricke, salzwasserklamm:
der weiße
Großknoten – diesmal
geht er nicht auf.

Auf der Schütte Seegras daneben,
im Ankerschatten,
neckt ein Name das
entzwillingte
Rätsel.

TAU. Und ich lag mit dir, du, im Gemülle,
ein matschiger Mond
bewarf uns mit Antwort,

wir bröckelten auseinander
und bröselten wieder in eins:

der Herr brach das Brot,
das Brot brach den Herrn.

Üppige Durchsage
in einer Gruft, wo
wir mit unsern
Gasfahnen flattern,

wir stehn hier
im Geruch
der Heiligkeit, ja.

Brenzlige
Jenseitsschwaden
treten uns dick aus den Poren,

in jeder zweiten
Zahn-
karies erwacht
eine unverwüstliche Hymne.

Den Batzen Zwielicht, den du uns reinwarfst,
komm, schluck ihn mit runter.

AUSGEROLLT dieser Tag:
der vieltausendjährige Teig
für den späteren
Hunnenfladen,

ein ebensoalter
Kiefer, leicht verschlammt,
gedenkt aller Frühzeit
und bleckt gegen sie und sich selber,

Huf-
schläge des Vorgetiers zum
Hefen-Arioso:
es geht, fladenschön-singbares Wachstum,
immer noch aufwärts,

ein schatten-
loser Geist, ent-
einsamt, ein
unsterblicher,
bibbert
selig.

ÖLIG still
schwimmt dir die Würfel-Eins
zwischen Braue und Braue,
hält hier
inne, lidlos,
schaut mit.

Ihr mit dem
im Dunkelspiegel Geschauten,

du Einer
mit der erblickten
stofflosen Leuchtspiegelfläche zuinnerst:

durchs zehn-
türmige Wüstentor tritt
euer Boten-Selbst vor euch, steht,
einen Dreivokal lang,
in der hohen
Röte,

als wär das Volk in den Fernen
abermals um euch geschart.

Aus Engelsmaterie, am Tag
der Beseelung, phallisch
vereint im Einen
– Er, der Belebend-Gerechte, schlief dich mir zu,
Schwester –, aufwärts
strömend durch die Kanäle, hinauf
in die Wurzelkrone:
gescheitelt
stemmt sie uns hoch, gleich-ewig,
stehenden Hirns, ein Blitz
näht uns die Schädel zurecht, die Schalen
und alle
noch zu zersamenden Knochen:

vom Osten gestreut, einzubringen im Westen, gleich-ewig –,

wo diese Schrift brennt, nach dem
Dreivierteltod, vor
der herumwälzenden Rest-
seele, die sich
vor Kronenangst krümmt,
von urher.

Die freigeblasene Leuchtsaat
in den unter Weltblut
stehenden Furchen.

Eine Hand mit dem Schimmer des Urlichts
wildert jenseits
der farnigen Dämme:

als hungerte noch
irgendein Magen,
als flügelte noch
irgendein zu
befruchtendes Aug.

Kleide die Worthöhlen aus
mit Pantherhäuten,

erweitere sie, fellhin und fellher,
sinnhin und sinnher,

gib ihnen Vorhöfe, Kammern, Klappen
und Wildnisse, parietal,

und lausch ihrem zweiten
und jeweils zweiten und zweiten
Ton.

Die Hochwelt – verloren, die Wahnfahrt, die Tagfahrt.

Erfragbar, von hier aus,
das mit der Rose im Brachjahr
heimgedeutete Nirgends.

DIE BRABBELNDEN
Waffen-
pässe.

Auf der übersprungenen
Stufe
räkeln sich die
Sterbereien.

. . . AUCH KEINERLEI
Friede.

Graunächte, vorbewußt-kühl.
Reizmengen, otterhaft,
auf Bewußtseinsschotter
unterwegs zu
Erinnerungsbläschen.

Grau-in-Grau der Substanz.

Ein Halbschmerz, ein zweiter, ohne
Dauerspur, halbwegs
hier. Eine Halblust.
Bewegtes, Besetztes.

Wiederholungszwangs-
Camaïeu.

Nah, im Aortenbogen,
im Hellblut:
das Hellwort.

Mutter Rahel
weint nicht mehr.
Rübergetragen
alles Geweinte.

Still, in den Kranzarterien,
unumschnürt:
Ziw, jenes Licht.

WIRF DAS SONNENJAHR, an dem du hängst,
über den Herzbord
und rudere zu, hungre dich fort, kopulierend:

zwei Keimzellen, zwei Metazoen,
das wart ihr,

das Unbelebte, die Heimat,
fordert jetzt Rückkehr –:

später, wer weiß,
kommt eins von euch zwein
gewandelt wieder herauf,
ein Pantoffeltierchen,
bewimpert,
im Wappen.

Weil du den Notscherben fandst
in der Wüstung,
ruhn die Schattenjahrhunderte neben dir aus
und hören dich denken:

Vielleicht ist es wahr,
daß hier der Friede zwei Völker besprach,
aus Tongefäßen.

Es ist gekommen die Zeit:

Die Hirnsichel, blank,
lungert am Himmel,
umstrolcht von Gallengestirn,

die Antimagneten, die Herrscher,
tönen.

LIPPEN, SCHWELLGEWEBE der Du-Nacht:

Steilkurvenblicke kommen geklettert,
machen die Kommissur aus,
nähn sich hier fest —:
Zufahrtsverbote, Schwarzmaut.

Es müßte noch Leuchtkäfer geben.

V

MÄCHTE, GEWALTEN.

Dahinter, im Bambus:
bellende Lepra, symphonisch.

Vincents verschenktes
Ohr
ist am Ziel.

TAGBEWURF: die
lichtdurchlässige Dorn-
schläfe
grapscht sich noch ein
einziges taufrisches
Dunkel.

An der Herzspitze kommt
eine Muskelfaser
sinnend zu Tode.

REDEWÄNDE, raumeinwärts –
eingespult in dich selber,
grölst du dich durch bis zur Letztwand.

Die Nebel brennen.

Die Hitze hängt sich in dich.

Verwaist im Gewittertrog
die vier Ellen Erde,

verschattet des himmlischen
Schreibers Archiv,

vermurt Michael,
verschlickt Gabriel,

vergoren im Steinblitz
die Hebe.

Beider entnarbte Leiber,
beider Todesblatt über der Blöße,
beider entwirklichtes Antlitz.

An Land gezogen von
der weißesten Wurzel
des weißesten
Baums.

FORTGEWÄLZTER Inzest-Stein.

Ein Auge, dem Arzt
aus der Niere geschnitten,
liest an Hippokrates Statt
das Meineid-make up.

Sprengungen, Schlafbomben, Goldgas.

Ich schwimme, ich schwimme

Als Farben, gehäuft,
kommen die Wesen wieder, abends, geräuschvoll,
ein Viertelmonsun
ohne Schlafstatt,
ein Prasselgebet
vor den entbrannten
Lidlosigkeiten.

Die Rauchschwalbe stand im Zenith, die Pfeil-
schwester,

die Eins der Luft-Uhr
flog dem Stundenzeiger entgegen,
tief hinein ins Geläut,

der Hai
spie den lebenden Inka aus,

es war Landnahme-Zeit
in Menschland,

alles
ging um,
entsiegelt wie wir.

Weiss, weiß, weiß
wie Gittertünche,
reihn die Gesetze sich ein
und marschieren
einwärts.

Unbedeckte. Ganz und gar
Brüstende du.
Entflochten der Brodem vor dir,
im Angesicht aller.
Keines
Atem wächst nach, Un-
umkleidbare.

Der Steinmützenkönig vorn
stürzt von der Steineselskruppe,
die Hände klamm
vorm tittenbeschrieenen
Antlitz.

DER SCHWEIGESTOSS gegen dich,
die Schweigestöße.

Küstenhaft
lebst du dich fort
in den Umschlaghäfen der Zeit,
in Pistenpaar-Nähe,
wo die kegelköpfige Eis-Crew
die Abstellplätze behimmelt.

Haut Mal

Unentsühnte,
Schlafsüchtige.
von den Göttern Befleckte:

deine Zunge ist rußig,
dein Harn schwarz,
wassergallig dein Stuhl,

du führst,
wie ich,
unzüchtige Reden,

du setzt einen Fuß vor den andern,
legst eine Hand auf die andre,
schmiegst dich in Ziegenfell,

du beheiligst
mein Glied.

Das taubeneigrosse Gewächs
im Nacken:
ein Denkspiel,
mitrechnerisch-göttlich,
für die Allonge-
Perücke,

ein Ort,
zukunftsenthüllend,
stahlfiberfroh,
zur Erprobung
des ein-
maligen Herzstichs.

ANGEWINTERTES Windfeld: hier
mußt du leben, körnig, granatapfelgleich,
aufgeharscht von
zu verschweigendem Vorfrost,
den Schriftzug der Finsterung mitten
im goldgelben Schatten – doch nie
warst du nur Vogel und Frucht –
der sternbespieenen
Überschall-Schwinge,
die du
ersangst.

DRAUSSEN. Quittengelb weht
ein Stück Halbabend von
der driftenden Gaffel,

die Schwüre,
graurückig, seefest,
rollen
auf die Galion zu,

eine
Henkers-
schlinge, legt sich die Zahl
um den Hals der noch sicht-
baren Figur.

Die Segel braucht keiner zu streichen,

ich Fahrensmann
geh.

Wer gab die Runde aus?

Es war sichtiges Wetter, wir tranken

und grölten den Aschen-Shanty
auf die große Sonnwend-Havarie.

HEDDERGEMÜT, ich kenn
deine wie Kleinfische wimmelnden
Messer,

härter als ich
lag keiner am Wind,

keinem wie mir
schlug die Hagelbö durch
das seeklar gemesserte
Hirn.

KEIN NAME, der nennte:
sein Gleichlaut
knotet uns unters
steifzusingende
Hellzelt.

Denk dir

Denk dir:
der Moorsoldat von Massada
bringt sich Heimat bei, aufs
unauslöschlichste,
wider
allen Dorn im Draht.

Denk dir:
die Augenlosen ohne Gestalt
führen dich frei durchs Gewühl, du
erstarkst und
erstarkst.

Denk dir: deine
eigene Hand
hat dies wieder
ins Leben empor-
gelittene
Stück
bewohnbarer Erde
gehalten.

Denk dir:
das kam auf mich zu,
namenwach, handwach
für immer,
vom Unbestattbaren her.

INHALT

III

V

Deutschsprachige Literatur in den suhrkamp taschenbüchern: Lyrik

255/1/4.92

255/2/4.92

254/1/4.92

254/2/4.92

254/3/4.92